EL NAUFRAGIO DE LAS CERTEZAS

ENRIQUE CRUSELLAS

EL NAUFRAGIO DE LAS CERTEZAS

Bod – Books on Demand

Primera edición : diciembre 2021

©Enrique Crusellas

Impresión y editorial: BoD – Books on Demand

info@bod.com.es - www.bod.com.es

Impreso en Alemania – Printed in Germany

ISBN : 978-84-1123-000-1

ADOLESCENCIAS

Besos húmedos de miel.
El descubrimiento de
la música que nos hizo
olvidarnos de nuestro
alrededor, del mundo
que no entendíamos,
que creíamos que nos
oprimía. Éramos
adolescentes jugando a
ser rebeldes,
Pero solo fuimos
unos impostores,
pero disfrutábamos
con nuestras
mentiras,
con nuestras poses
bien aprendidas.
Queríamos ser ya
mayores,

pero en el fondo no
queríamos crecer.

Nos deprimía ver la
caras tristes y resignadas
de la gente que cogía el
metro todos días.
¡No queríamos ser
como ellos!
Queríamos cambiar la
sociedad, pero sin saber
cómo,
y recurrimos a las
drogas
para que nos dieran la
respuesta,
pero nos hundieron
mucho
más,
fueron otra la gran
mentira,

nos encadenaron,
nos dominaron,
 acabando con muchas
vidas que pensaron que
iban a conseguir la
libertad,
pasamos
 de la rebeldía
a la sumisión.
 Y así comprendimos
bien a John Lennon
cuando dijo aquello de
que
 la vida va por un
camino,
 mientras tus
pensamientos van por
otro.

AIRE

El aíre que atraviesa
la tierra,
nos despierta
a medianoche,
nos susurra al oído,
nos empuja a salir en la
        madrugada.
Es el aire que avivará los
        fuegos,
enloquecerá al mar,
desmoronará
acantilados,
destruirá ciudades,
silenciará la música,
se interpondrá entre los
        labios,
separará los cuerpos,

robará las almas, se
llevará nuestras
cenizas.
Entonces, sembrará el
caos,
reinará la confusión allá
por donde pase.
Se convertirá en viento
helado
y la tierra oscilará
Desaparecerán la luna, las
estrellas, Por lo tanto, no
existían cruces, ni
representaciones,
ni ídolos,
ni religiones,
no se adoraba ni
se bendecía,
no había leyes ni
mandamientos.

Es el aire que destruye
para volver a construir.
Es el aíre que devasta
        para volver a
    emerger.
    Solo somos
    desconcertados
    espectadores de la
    vida.

ALMAS ERRANTES

Nos sangraron los pies
de tanto caminar sobre
brasas,
buscábamos los hoteles
mas solitarios,
las
calles mas oscuras.
Buscando el camino de la
sabiduría,
olvidarnos de la
racionalidad.
 Nos convertimos en
ángeles caídos.
Dormíamos en los
    desiertos,
abrigados por las
estrellas.
Fuimos en busca del

Santo Grial, para
desvelar el enigma de la
vida.
Iniciamos viaje
hacia la isla de
Avalon,
en busca de hadas
magia
y brujería.
Huir del tiempo de la
maldad,
la soberbia,
el egoísmo,
de la materialidad
y la autodestrucción del
ser humano.
Ser solo almas errantes.

AMANTES

La luz se filtra por la
ventana, dos cuerpos
desnudos en penumbra
se acarician. Susurran, se
besan, no existe el
mundo exterior. La luz se
va durmiendo. Los
cuerpos siguen
acariciándose,
lentamente. Todo el
universo se concentra en
la habitación. El sol, la
luna,
las estrellas,
 las tormentas,
los rayos,
se cuelan en
nuestra cama.
Fuera la

oscuridad más
absoluta, la
lluvia cae lenta,
sosegada, el
hielo se va
derritiendo,
 el fuego va
subiendo por
los pies,
hasta llegar al
cerebro. Todos
los sueños
convertidos en
realidad, el
tiempo
detenido,
ausente.
 Ya no nos
importa morir
por nuestros
pecados.

ANSIA

Solo estoy bailando,
  de madrugada,
mirando desde el
puente. Deambulo,
juego, grito, escribo, A
veces espero el
siguiente tren, con
ansiedad, con
inquietud, con temor.
Solo estoy bordeando
el rio, sin atreverme a
cruzarlo,
  tirando al agua
las cartas que te escribí.
Dejando que las palabras
que quería
decirte
  se ahoguen en el

fondo del río. Solo estoy contemplando las luces nocturnas de la ciudad. Solo quiero dormir.

APRENDIZAJES

De las calles aprendí, que
hay motivos para olvidar,
de letras me instruí, y de la
vida asimilé.
Salir quise,
inventarme mis días,
pintar mis noches.
De amores supe, también
de
desamores,
y ahora dibujo el
cuerpo desnudo de mi
futura pasión.
Complicidades viví,
traiciones también
Cada día que pasa dejamos:
trozos de piel,
fragmentos de

memoria,
olvidos conscientes e
	inconscientes recuerdos
	de
	amigos enemigos que te
	esperaron en la esquina
	de calles
		que no quiero
	recordar. Venganzas
	frías, retazos de
	películas, historias por
	concluir,
besos que se escaparon.
		Ambiciones que no se
	cumplieron hasta que
	finalmente:
	acabas regresando a
		tu infancia, volver a
		ser el
	niño que olvidaste.

Y, descubrir que, a
pesar de todo lo
que aprendiste,
sigues siendo un
ignorante,
y que la vida
siempre triunfa
sobre ti.

ARREPENTIMIENTOS

Te acordarás de las
flores,
que dejaste marchitar,
de nuestros
nombres.
Te acordarás de los
fracasos,
los éxitos son
efímeros.
El viaje será largo,
nostalgia de amores
platónicos.
De revoluciones que no
combatimos.
Te acordarás de
fotografías
descoloridas,
dormidas en el cajón.

De los tiempos
en los que aun fumabas
en largas y
apasionadas tertulias,
de las risas beodas hasta el
siguiente amanecer.
El viaje será largo
Y todo aquello que
dejaste de hacer por
pereza,
te irá pesando como una
losa.
El camino será largo,
sin posibilidad de volver
atrás.
Es mejor huir.

BUSQUEDAS

Poetas en las aristas de
mundo,
buscando espíritus
gemelos,
almas alborotadoras.
Ciencia y religión
intentando poner en
orden el caos del
universo,
entre la espiritualidad y el
intelecto.
Mientras, vagamos
incrédulos
por las orillas de la
tierra.
Navegamos con
Caronte,
acompañando a las

sombras de nuestros seres
queridos.
Hacemos equilibrios
sobre la línea del
horizonte,
en busca del santo
grial,
de la fuerza mágica
para poseer la
sabiduría
para perder el miedo al
abismo,
a la incertidumbre de
conocer
lo que hay al otro lado del
cielo.
Cerrar las puertas, dejar
abiertas las ventanas,
para escuchar las
sinfonías

de la vida
y la muerte. Seguir
nuestro camino, no
volver la vista atrás.
Saltar al vacío en
busca del
conocimiento,
en busca
de ti mismo.

COBARDIAS

La memoria de las
        piedras,
los muros derruidos.
    La memoria del retrato
pintado al óleo,
    recuerdo de vanidades.
La marea que borra las
pisadas en la arena,
    la luz que terminará en
        oscuridad,
        las tinieblas que
            atraviesas
    en busca de una
    deslumbrante luz.
La memoria del fuego que
quemó tus libros,
        que incendió las
            bibliotecas,

que arrasó ciudades
enteras.
La memoria del
cuerpo que no
cuidaste, del amor que no
luchaste,
del amigo que no
cuidaste,
de las injusticias que no
renunciaste.
La memoria del
silencio, cómplice
de tu cobardía,
de tu abandono, de los
restos de
nicotina, de alcohol,
de la lluvia que nos
cubría,
mientras paseábamos
hacia el hotel.

La melancolía de los días
pasados,
El desasosiego
de los años que
vendrán.
Y así,
pasa la vida.

CONFLICTOS

Entre lugares y
nostalgias,
entre bazares y
rincones,
asfalto y polvo,
melodías y silencios
sabanas y
remordimientos,
besos y traiciones,
promesas y olvidos.
Entre el orgullo y la
ignorancia,
lo que me dijiste y lo que
hiciste.
Entre tú y tus huidas.

CONOCIMIENTOS

Y si me escapé no fue
vano,
fui para encontrarme para
buscarme
para conocerme.
Y si me escapé, no fue por
capricho.
fui en busca de una
religión
en busca del santo grial,
del
conocimiento.
Intenté caminar sobre las
aguas,
atravesar el fuego sin
quemarme.

Saltar al vacío para
probar si podía volar.
No dormir, por
comprobar como es
vivir al límite con mis
delirios,
por si pudiera conocer a
dios.
Y si me escapé, solo fue
por necesidad,
por huir de la penuria de
la ignorancia,
de la miseria moral que
me rodeaba.
Me empapé del
estudio de las
religiones
me introduje en
infinidad de sectas para
saber,

experimentar,
descifrar los arcanos.
Sumergirme en los
pozos mas
profundos del
conocimiento. Mi
periplo me llevo a
conocer a toda clase de
gentes;
Reyes, obispos,
mendigos, rufianes,
estafadores, bandidos,
asesinos,
impostores, nobles,
plebeyos,
hasta que llegué a
conoce bien
la condición humana, pero
terminé abatido,
desanimado,

ya que, en definitiva,
éramos todos iguales. y
descubrí la mentira, la
manipulación del poder
de querer manipularnos,
dominarnos,
marcarnos como animales,
        dividirnos solo para
        poder controlarnos
        mejor,
y terminé arrastrado por la
        soledad.
Hundido en la miseria solo
    por querer conocerme
    espiritualmente,
y escapar de la
    materialidad y las
    ambiciones
    mundanas.

DECADENCIAS

Dejé de transgredir,
después de haber ya
conocido todos los
pecados.
　Eché la vista atrás,
regresé por los
mismos caminos que
forjaron mi
adolescencia.
Quise visitar los
lugares que viví,
esperando que no se
hubieran reformado.
Sigo amando la
decadencia, sentir la
melancolía, disfrutar del
desgaste de mis objetos,
de la experiencia, los
recuerdos,

el paso de los años.
Sentarme en el
comedor
en el crepúsculo del
día,
y abrir unas botellas de
vino,
brindar con una
sonrisa
por los amigos que ya no
están.
Me levanto ya
borracho,
con la intención de
dejarme llevar
por las luces
nocturnas de la ciudad
que tanto amé y odié a la
vez.
Hoy solo quiero

guiarme por mi instinto,
solo quiero andar
desnudo,
despojado de mis
experiencias
de todo lo aprendido,
de mis recuerdos, como
si hubiera vuelto a
nacer.
Solo quiero volver a
sorprenderme.

DERROTAS

Cuando los hombres
lloran,
he visto reflejada la
locura
en los ojos mas
curtidos.
Yo sé cuando los
hombres mienten y se
derrumban.
He visto reflejado el
miedo,
la angustia en sus
ojos, he visto crecer el
odio, la frialdad en sus
rostros.
Juego de miradas,
maldito desafío de
miradas,
doble o nada,

los dados ya estan
tirados.
Alguien dijo que la vida
es lo que
ambicionas.
Sueña lo que deseas,
y te dicen que
siempre se acaban
realizando.
He visto a los hombres
caer,
y levantarse abatidos,
desorientados,
perplejos.
Así es el juego.

DESAPARECER

Entre melodías voy
pasando las noches.
Ando mareado por las
calles
de la ciudad que me vio
nacer. Solo quiero
guardar algunos
recuerdos, y amores
que me es imposible
olvidar.
No voy a celebrar más
cumpleaños
ya no miro el
calendario, he vendido mis
relojes. Dejé ya de rezar,
mi única religión será la
música,
mi único refugio,

los besos robados de
madrugada.
He decidido escapar de
mi familia,
no llamar más a mis
amigos,
disfrazarme con mil
mascaras,
perder mi identidad.
Diluirme entre la
multitud,
hacerte el amor,
y desaparecer.

DESTINOS

El volcán empieza a entrar
en erupción, el aire se
vuelve tóxico, el mar espera
a los ríos de lava. Las
estrellas se apagan, la tierra
pierde el equilibrio.
 Todos quieren huir
de sus destinos.
Caronte aguarda.

EL CAMINO

¿Dónde te lleva el rastro
de las sombras?
A veces quisiera
acompañar a los
pájaros en su vuelo,
dormir en el cielo,
tener el mundo en la
palma de mi mano.
Apagar los fuegos
con un soplo,
terminar los cuadros con
un solo trazo.
Inventar acordes para
hacerte emocionar.
Saber por donde
empezar
para tener una meta
a la que llegar.

Seguir las huellas del
vencido,
para derrotar al
conquistador.
Nunca parar.

EL GUARDIAN

Yo soy la luz y la
oscuridad,
la decadencia,
la sabiduría.
Me refugio
en los antros,
no rehúyo ninguna
pelea,
nunca pido perdón.
Solo sigo a mi instinto.
No busco preguntas,
porque yo soy la
certeza.
Me rio de las
riquezas terrenales,
Porque soy
eterno,
infinito.

Soy los rayos,
relámpagos,
las lluvias,
las tormentas.
Soy tus recuerdos,
tus ambiciones,
tu porvenir,
tu futuro,
tu locura, tus
angustias,
tu amor,
tus odios.
Yo soy tu destino,
la suerte de todos los
hombres.
El cancerbero del
universo.

EL VIAJE

En tierras lejanas,
vagabundos solitarios,
buscando los
conocimientos que
nunca les enseñaron
en las escuelas.
El viajero no
ambicionará someter a los
lugareños que
encuentre en los
caminos,
sino, todo lo contrario,
se unirá, se mezclará
entre ellos con humildad,
para aprender,
enriquecerse con sus
costumbres,
su cultura.

En tierras lejanas, el
viajero tendrá
también
tiempo de escuchar su
soledad,
de reflexionar sin el
ruido mediático e
interesado que
vomitan sin descanso
desde los púlpitos.
De esta manera, en las
siempre absorbentes
noches, tendrá tiempo
para reflexionar,
meditar, y volver a
renacer, recobrar todo
aquello que la vida
rápida, mundana, sin
sentido le hurtó.
Seguiremos al nómada en

su camino incierto, pero
rico de sabiduría y
experiencias, en
busca de su alimento.
Lo escucharemos
atentamente en las
noches estrelladas al
calor del fuego y del
alcohol. Nos
enseñará que el
viaje es aprendizaje, que
debe de ser trasmitido
de
generación en
generación.
Solo con la calma
necesaria, el viajero
será capaz de observar
con la mente libre de
prejuicios,

sentirá como palpita el
mundo,
escuchará lo que le dicen
las estrellas,
lo que murmuran las olas
del mar,
hasta que por fin
encuentre el equilibro
entre el alma
y el cuerpo,
entre la mortalidad
y la eternidad.

ENGAÑOS

Tras la cortina, nos
esperaba toda
la seducción del
mundo,
todas las emociones
que pudiéramos
alcanzar
Tras las ventanas, trenes
que partían,
regresaban,
con ilusiones,
decepciones fracasos
éxitos,
en busca
del calor del sol,
de la luna
que nos pudiera
proteger.

Afuera, guerras y
hambre dolor y miedo,
poder y manipulación,
pero necesitábamos
creer,
necesitábamos un
líder que nos guiara,
pero terminamos
llorando por nuestros
hijos,
peleando
contra nuestros
hermanos.
Atrás, memorias,
ilusiones,
esperanzas.
Ahora,
debemos abrir los ojos,
no debemos besar a
ninguna bandera,

no debemos creer a
nadie que
nos prometa el
paraíso,
que nos prometa una
vida de libertad,
porque
ellos continuaran en sus
palacios.
Mientras nosotros,
descalzos,
con la casa a cuestas,
caminaremos,
exhaustos por las
cunetas.

ETERNIDAD

Abriré las ventanas.
    Estaré vigilante.
dejaré que,
entre la luz,
    la oscuridad,
    el amor,
    el odio,
el resentimiento, los
    celos,
    la envidia,
    los fracasos, los
éxitos, la culpa, las
justificaciones.
        Volaré, daré
vueltas alrededor
        del sol,
me esconderé
tras la luna.

Saltaré al infinito, en
busca del placer,
  del paraíso,
de la eternidad.
  No volveré.

INTROSPECCIONES

Subí a lo alto de la
colina;
a buscar la belleza, la
armonía con el mundo.
A través de
serpenteantes
caminos
a través de la
oscuridad,
entre la bruma.
Subí a lo alto de la
colina
para conocerme,
entender mejor mi
corazón.
Apartar las estrellas, y ver
que es lo que hay mas allá
de nuestra galaxia.

Subí a lo alto de la
colina
para borrar el exceso de
ruido
de la vida diaria
lanzar mis angustias,
encontrar la melodía
mas hermosa del
mundo,
sentir la soledad, sentir
el vacío,
para olvidarme,
abandonarme,
descuidarme.

LUCHA

Mi primer sueño, mis
ambiciones, mis
primeras lágrimas.
Seguiré me
perderé
deambularé,
hasta volver a ver el
primer río de la
creación,
el primer océano que
ahogó las ciudades, el
primer terremoto que
destruyó las
civilizaciones,
el primer volcán que
asoló las islas.
Reviviré,
volveré.

Lucharé,
sangraré,
igual perderé
pero seguiré peleando.
Los años pasarán, mas
cicatrices
en la piel.
Y seguiré luchando, por
conseguir una biografía,
o inventarte tus
experiencias,
para aferrarte a la vida,
por no defraudar a tu
familia,
porqué será el único
recuerdo que tendrán de
ti.

MAÑANA

Mañana será el gran día.
Los campos florecerán, los
verás desde la ventana,
acostada en la cama, y
esperarás con
impaciencia.
Mañana empezará todo,
y seguirás aguardando con
ansiedad.
Delante tuyo las hojas en
blanco, el ordenador
apagado.
Las luces del
amanecer,
el sol del mediodía, las
luces del ocaso,
la incertidumbre de la
noche,
estarán a tu lado.

Mañana empezarás a
volar.
Mañana te irás sin
tener tiempo de
dejar ninguna nota de
despedida.
Disfruta del día de hoy
con una buena cena,
un excelente vino,
mientras observas a
través de la ventana,
escuchas con atención
cualquier sonido de
reptiles
que se deslizan por tu
alrededor.
No puedes,
no debes dormir.
Tienes, debes estar alerta.

Solo debes esperar a que
llegue mañana.

MEMORIAS

Estos serán los últimos
versos,
los dejaré encima de
la mesa junto unos
vasos,
una botella de whisky
y la pistola que utilizaré.
Dejaré la puerta de
entrada abierta,
quiero que los que
entren,
llenen los vasos,
y vayan leyendo mis
últimas letras.
Dejaré también un
ordenador, papel y
bolígrafos para que la
escritura continúe.

Al lado de la pistola,
    habrá suficientes balas.
Quiero que una vez que
    los visitantes
acaben de escribir,
carguen la pistola y se
    suiciden.
Estos escritos serán la
    memoria,
la historia real de una
    generación.

MIEDOS

Soy hijo de la
tormenta,
de los océanos.
Y me tumbo en la
arena,
me sumerjo
en las profundidades
de los mares,
buscando mi
descendencia,
la memoria de mis
orígenes.
Me pierdo por las
ciudades,
camino sobre las aguas,
y tengo miedo
de la oscuridad.

Necesito ver mi
sombra,
sentir mis pisadas. Soy
hijo del miedo, de la
inconsciencia, de la
improvisación, que
todavía quiere
refugiarse en el útero, que
tiene miedo a volar.
Sigo buscando los
restos
de mis antepasados
para que me guíen,
me protejan,
me empujen,
y no me dejen solo
en mitad del camino.

NOSTALGIAS

El polvo se quedó atrás,
delante la
incertidumbre.
Las maletas se
quedaron sin hacer, las
viejas melodías dejaron
de sonar.
El monótono y terco
sonido de un disco
olvidado invade la
habitación.
Fue el único recuerdo
sonoro que quedó.
La ropa esparcida, las
botellas vacías,
dejadas en la mesa junto
los platos de

resto de comida sin
recoger.
El conocimiento, el
pasado, la vida, tu
vida en un instante.
La luz iluminó las
sombras.
No se trata de huidas.
No se trata de olvidos.
No se trata de
imaginar nuevos
mundos,
es querer sentir, tocar con
la yema de los
dedos el infinito, de
renacer, de
replantearse tu
efímero paso por el
mundo,

de marcharse para
escuchar nuevas
melodías.

OTOÑO

Que llegue el otoño, con
sus colores que nos
recuerdan la
transitoriedad,
nos atrapan con su
belleza.
Que llegue el otoño, el
sol ya me asfixia.
Que llegue con sus
cautivadoras luces, sus
lánguidos
atardeceres,
con la melancolía que te
narcotiza, te
serena, con su paz que te
invade,

y te sientes mas cerca del
infinito. Esperas con
ansía la llegada de la
noche.
Celebremos nuestra
liberación de la vida,
mientras vagamos
por senderos siempre
inciertos.
Otoño,
tiempo de memorias, de
mudanzas.
Corramos hacia aquel
bosque,
observemos el ocaso
del sol
marchemos hasta el
mas escarpado de los
acantilados,
y saltemos con el fin

de que nuestras almas
estén siempre
vagando por el aíre,
y percibirás que la brisa
que te acaricia tu cara y
revuelva tu pelo
soy yo.
Y, mientras volamos,
acariciaremos el
cuerpo
de nuestros seres
amados
atrapados
todavía en sus
cuerpos finitos,
con la serenidad de
sabernos inmortales.
Este será nuestro otoño
perpetuo.

PARAISO PERDIDO

Cayó la tierra el
infierno se acerco a mí.
Las tinieblas rodearon el
cosmos,
y la Naturaleza se
perdió.
Los grandes reyes
cayeron.
Los sentimientos se
perdieron por la noche;
y me convertí en un
robot inanimado.
El destino me llenó de
inquietud,
y dudé de mi
personalidad.
Oí la Voz, pero no hice
caso.

Vi caerme hacia la nada.
Oí las carcajadas de
     Belcebú,
          y me olvidé de
mi cuerpo.
Andaba errante por el
          paraíso, pero no
encontré a mi Eva.
  Mi espíritu se diluyó
     entre el cielo y el
     infierno,
     y no me decidí por
          ninguno.
Tenía un pie en la vida y
otro en la muerte, y los
dos me tentaron.
Cuando en sueños era
          un rey,
  en realidad,
  era un vagabundo.

Cuando en sueños era un
vagabundo,
en realidad, era un rey.
De repente la risa me
invadió hasta tal punto
que creí ahogarme, tenía
la mente vacía
hueca,
y perdí el miedo a lo
eterno,
a lo irrelevante, a
lo misterioso.
Me dediqué a dormir en
las tumbas de mis
antepasados,
intentando poder hablar
con ellos,
pero ellos no me
contestaron.

Y me sentí solo, solo
ante el mundo.
Viajé por el mundo de los
artistas,
viajé por el mundo de los
mendigos,
viajé por el mundo de la
riqueza,
viajé por el mundo de la
muerte.
Anduve por
los senderos de la felicidad,
por los senderos de las
tristezas,
y no me decidí por
ninguno,
pues era estrella
errante del firmamento,
pues era el espíritu sin
nombre,

sin lugar de reposo ni
sitio fijo.

PERDIDO

El bosque a oscuras, el
rocío que entra en mis
huesos,
los animales presienten el
peligro.
Adivinar el camino a
través de la niebla,
¿A dónde me dirijo?
Siluetas aladas,
desnudas,
surgen de entre los
árboles,
la luna no se atreve a
reflejarse en el lago,
miedos infundados,
angustia a la
incertidumbre.
Sigo zigzagueando,
escuchando ecos,

quizá este
deambulando por el filo
de la cima,
¿Puedes oírme?
Parece que el sol se
olvidó
de esta esquina del
mundo
y el cielo perdió su
color,
los amaneceres se
perdieron en las
tinieblas.
Solo debo estar atento
a lo que me susurre el
silencio,
solo debo estar alerta por
escuchar
los primeros acordes

de cualquier melodía,
descubrir y atravesar
la llamarada de luz
para encontrarte.

REALIDADES

Llegó la hora.
Ahora me encontraré
cara a cara con la vida, ya
todo dejará de ser un
juego.
¿cómo lo afrontaré?
Mis lecturas se
convierten en realidad, de
nada valdrán ya las
experiencias
de los héroes leías en los
libros,
al calor de la
chimenea.
Llegó el momento

de dejar de soñar, es el
paso de la imaginación
a la realidad,
una situación que antes
solo lo veíamos en los
cines
y luego
lo comentábamos en los
restaurantes.
¿como puede cambiar
todo en un instante?
Recordaremos los
paseos al lado de la
playa,
las tardes de compras en
la ciudad,
las cenas de verano
en el jardín
con sus
interminables

tertulias
al calor del whisky.
Ahora será una buena
oportunidad
de llamar a los amigos,
preguntarles como
están,
de decirles que
debemos estar juntos, de
hablarnos, de no
esconder nuestras
emociones, nuestras
angustias.
Seguir reunidos,
conversar,
debatir,
reflexionar.

RETORNOS

Descendí,
volví el útero,
por un camino en
llamas,
atravesé lagos
transparentes,
bosques a los que
nunca llegó la luz,
presencie el
nacimiento de los
volcanes.
Cuando descendí,
presencié el nacimiento
del arte,
descubrí el primer
canto,

el origen de la melodía, la
primigenia y única
representación teatral,
ya que presencié en
vivo,
la muerte en escena de
los actores.
En mi viaje, noté
como mi mente se
iba vaciando de
consignas
aprendidas,
de preceptos religiosos,
hasta convertirme en una
persona vacía de
contenido y amoral.
Olvidé todos los
pecados
aprendidos en la

escuela, toda la
educación y los
miedos
irracionales
inculcados
por la sociedad,
Descubrí el sexo
sin prejuicios,
el amor sin celos,
el pensamiento sin
ideologías,
los días sin agenda, la
vida sin planes.
La libertad sin
condicionantes.

<u>SEXO</u>

Sexo,
sin prisa
sin pausa
sin contar
sin suponer
sin imaginar
sin inhibirse.

SEXUALIDAD

Una luz tenue se filtra
tímidamente por la
ventana.
Cuerpos desnudos,
en penumbra,
se desean.
Nada existe fuera de la
habitación,
todo el universo se
concentra en la
habitación,
el sol,
la luna,
las estrellas,
las tormentas,
los rayos,
se cuelan en la cama.
Fuera, la ausencia.

Mientras,
el hielo va derritiéndose,
el fuego va subiendo por
los pies,
hasta llegar al cerebro.
En un instante
conquistamos la eternidad,
la fugacidad del paraíso.

SIEMPRE TUYO

Puedo ser tu poeta
maldito,
tu amante tu
gigoló,
tu mascota.
No me importa,
ya perdí mi orgullo.
Puedo escribir poesías
para tu novio,
colarme en tu cama.
Me podrás
menospreciar,
humillar,
ignorar,
burlarte,
estafarme,
engañarme,

abandonarme,
ignorarme.
  Pero yo siempre
  estaré cerca de ti.

SOMETIMIENTO

Noches de furia,
mañanas sin memoria.
Tu, siempre
descubriendo nuevos
laberintos
para engañarme.
Me despojas de mis
recuerdos,
siempre consigues lo que
te propones.
Ya quiero dejarte,
Pero siempre cedo,
me abandono,
me dejo llevar.
Sudores fríos
por la noche,
no me atrevo
a abrir las ventanas.

Y tu siempre,
esperando
pacientemente mis
gritos de auxilio.

TU Y YO

Yo soy el viento
tu huracán.
Yo soy lluvia
tu tempestad.
Yo soy estepa
tu volcán.
Yo soy la partitura aún
por escribir
tu la sinfonía.
Yo soy la sequía
tu la fertilidad.
Yo soy el grito
tu el silencio.
Yo soy la inacción
tu la danza.
Yo soy el buitre
tú el águila.

Yo doy vueltas
en circulo
tu vas en línea recta.
Yo solo soy la realidad,
tu eres todos mis sueños.

VACILACIONES

En el borde de la ola en
la orilla de tu piel,
en la cima de la
montaña.
Intento saltar.
Sentado en el alfeizar de
la ventana,
haciendo equilibrios en el
tejado.
No me atrevo a dar el
siguiente paso.
Solo cierro los ojos
y sueño,
Solo cierro los ojos
y espero.

VENGANZAS

Todos bebieron,
todos durmieron,
y se despertaron sin nada,
desnudos,
despojados.
Todos confiaron
en todos.
Todos rieron,
se juntaron,
se mezclaron,
se amaron.
Pero luego sacaron las
navajas,
por orgullo
por envidia
por venganzas,
por celos
Y el azul del cielo

se convirtió en sangre.
Sangre que se
expandió por los ríos,
por los mares,
e inundó las ciudades.
Y los humanos
se extinguieron
de la tierra.

VERDADES

En los espacios
deshabitados
empieza todo de nuevo
en la pereza se
encuentra la verdad.
Los campos yermos
despojan
al ser humano
de sus hipocresías, de
sus falsedades, derriban
los muros mentales.
Desconfiamos
y a vez admiramos al
ermitaño.
Tememos la oscuridad
y corremos hacia el sol,
necesitamos su luz.

Buscamos ansiosos el
ruido,
nos refugiamos
en la multitud,
para no querer
encontrarnos
con nosotros mismos.

VIAJE

Mar que no descansa
aguas agitadas.
Tierra que se evapora,
naufraga
se hunde.
Gritos desde la
ausencia.
Equilibristas
en un mundo
imperfecto
Todos quieren huir,
pero nadie sabe
a dónde.
Solo escapar,
desertar
de la condición humana,

dejar el alma libre, en
busca de otros espíritus.
Dejar todo atrás,
iniciar ya el viaje,
Nos encontraremos con
viejos amigos,
reaparecerán nuestras
amantes.
Saldaremos cuentas
con nuestros
enemigos.
Beberemos con nuevos
compañeros
Y, desde lo alto,
veremos
como el mar se seca,
la imaginación
será lo único real.

VOLAR

Hasta el fin del camino,
 traspasando
la línea del horizonte.
 Cerrar los ojos, saltar.
Hasta los límites de la
 ciudad,
 allá donde el polvo
 ciegue mi vista,
 donde el barro
 cubra mis zapatos.
En busca del paraíso, en
 busca de ti.
Hasta el último océano.
 Volar hasta apagar
la última estrella.
Cerrar los ojos, saltar.

No volver atrás, cerrar
la puerta, tirar la llave
no despedirse de nadie.
Empezar el camino,
atravesar la niebla,
cerrar los ojos,
saltar.
El paraíso existe.

Y DEL AMOR

Y del amor,
  se vive
   se busca
   se pierde
   se sufre.
  Y el sexo, que
    nos
    transporta
    al infinito,
    nos acerca
  a la inmortalidad,
hasta terminar vacíos,
  despojados de
  nuestros
  cuerpos.
  Y de la vida,
  que nos lleva
  de un sitio

a otro como
pasajeros ciegos,
como
nómadas,
y que nunca
lograremos
comprender
su misterio.
Y de la
muerte,
que es la
siguiente
etapa para
la liberación total.

INDICE

Si te apetece, escríbeme:

enriquecrusellas@gmail.com